Aamun kolme hetkeä

Veli-Matti Mathlin

◆

Aamun kolme hetkeä

◆

Runokokoelma

FSC
www.fsc.org
MIX
Paperi vastuul -
lisista lähteistä
Paper from
responsible sources
FSC® C105338

AAMUYÖ

SISÄAVARUUS

Siirsin ajatukseni kirjaimeen.
Pienen oivallukseni muovasin lauseeseen.
Sisäavaruudestani tähden otin,
sen ahtaisiin raameihin mahdutin.
Puolet viisaudesta eetteriin unohdin.

Kääntyivät tähteni uuteen asemaan.
Polttopisteen loivat suurempaan.
Hurmoksena saapui ilmakehääni.
Loistavana aurinkona maailmaani.

Tunteitteni väreilyyn pisarana putosi.
Väreet seitsemään mereeni synnytti.
Lauluna kantautui yli ulapan,
yli tuon loputtoman aavan.

Mieleni rannat tavoitti.
Mieleni rantahiekasta hahmon rakensi.
Peitti osan loisteestaan,
osan jätti tunteiden mereen mahtavaan.

DHARMA

Tyhjyys ykseyden ytimessä.
Kaikkeus kaksinaisuuden meressä.
Minä sieluni todellisuudessa.
Vajavaisuuteni valtakunnassa.
Harmonian haku reissulla.
Nyt, eilen ja huomenna.

PELKO

Pelkään kuollakseni elää.
Silloin näkisit millainen olen.
Silloin tietäisit kuka olen.
Etkä tuntisi minua enää.

MINUUTENI UNI

Yksi hetki tuo helpotuksen.
Hetki jossa uni toteutuu.
Tuskassani heijastuu eilinen,
sen harhassa,
tämä todellisuus.

Tämä hetki vain hyvää antaa.
Se kaiken hyväksyy.
Läsnä ollessa tässä,
ei tuskaa,
ei harhaa...
Kaikki pois pyyhkiytyy.

Kokoan itseni palaset,
ne jotka menneeseen jätin,
ne joita tulevaisuuteen kylvin.
Olen vain tässä ja nyt.
En itseäni enää hajota.
En tuskaani kohenna.
Antaudun…

Tässä hetkessä minuuteni uni toteutuu.
Näistä huolistani siihen herään.
Mikään ei ole todellisempaa,
kuin tämä hetki ja sen uni.

ITSELLENI

Rakastan sinua,
mutta lyyrani on vaiennut.
Haluaisin elää kanssasi,
mutta olemukseni on lamaantunut.

Olen ollut uskoton,
itselleni.
Olen huorannut kaiken muun kanssa,
mutten ole sulkenut itseäni sylini hekumaan

Tunnen ja tiedän,
että kuljemme vierekkäisiä polkuja.
Mutta valo sisälläni on himmennyt,
siksi en voi sen valossa sinua rakastaa.

Minun täytyy palata itseeni.
Jakaa elämäni sielulleni.
Osoittaa rakkauteni sille antamalla sen olla mikä on.
Estämättä sen luovuuden vuolautta.
Kannustaa sen sisäistä valoa.

Vasta sitten voin rakastaa,
myös sinua koko olemuksellani.

MIX

Kaiken olevan ilmentäjää,
olevan sisällä elävää,
etsin sisältä ja kaukaa.

Etsin sitä sateen raikkaudesta,
tuulesta ja päivän kirkkaudesta,
sinun ja minun sydämestä.

Löydän jotain muistoista.
Kultahippusia tulevasta.
Onnen murusia tämän hetkisestä.

Käännän kiven
ja sen alla näen
madon vilkkaan luikerruksen
ja siinä kokonaisen oivalluksen:
- ilmenee kaikessa kaikki,
vain suhteiltaan erilainen mix.

PYHÄNHENGEN TEMPPELI

Tyhjää sisälläni,
vain odottava mahdollisuus.
Istun lauteilla.
Katson kynttilän liekin huojuntaa,
sen välkehdintää seinillä.

Olen kavunnut kuilun reunalle
ja näen,
näen kaiken vapaana,
riippumattomana.
Millään ei ole väliä.
Kaikki saa olla juuri noin.

Tyhjyydessäni suren,
kun ei olekaan mitään ainoaa oikeaa.
Odotukseni on vain odotusta.
Odotuksen odotusta.
Vain tämä hetki on totta.

Pelkään,
koska pallo on minulla.
Minuudellani.
Pitäisi vain osata valita.
Ottaa vastuu kohtalostani.
Vain minä olen todellisuuteni luoja.
Kukaan ei teekään asioita puolestani.

Siunaan löylykauhan veden,
täytän sen rukouksellani:
- anna minulle voimaa olla se mikä minä olen.
Höyryn mukana rukous nousee taivaaseen,

niin ainakin uskon,
haluan uskoa.
- ohjaa minut unohduksesta takaisin tähän hetkeen, joka
on ainoa todellisuus.

Löylyn henki tavoittaa kasvoni.
Liekki riuhtoilee kiukaan henkäyksestä.
Annan saunan puhdistaa...

SE

Sen suuren väreilyn hyväilyyn,
ainutlaatuisuuden kosketteluun,
annan sieluni rentoutua,
rakkauden voimalle antautua.

Annan sen avata silmäni,
herättää uinuvat aistini
näkemään ympäröivän kauneuden,
sisäisen Jumalamme heijastuksen.

SIIPESI

Puhtaana siipiesi suojissa.
Alastomana viisautesi usvassa.
Ylensin ajatukseni valoosi,
siihen koko olemukseni sovitin.

Nukahdin takaisin maalliseen.
En tuota tunnetta pystynyt pitämään.
Vain yöllä kuulin lauluasi,
jonka unohdin todellisuuteni uneen.

Etsin sinua ja siipiäsi.
Kaipasin viisautesi valoa.
Aistini kaipauksella viritin,
näkemään edes häivän sinusta,
kaikessa mitä pystyin ymmärtämään,
mistä oivalluksen kalastamaan,
sain paloja rakkaudestasi
kasvavaan nälkääni.

VIILTÄVÄN KIRKAS PEILI

Uskoin,
uskoin niin totisesti,
että sain päälleni hölmön vaatteet.
Halusin muille hyvää.
En edes loukkaantumisellani halunnut toista tuomita,
mutta juuri siksi sainkin vihat niskoilleni.
Minut maalattiin taustakuvaan sulautuvaksi hölmöksi.

Olin ystävällinen ja rakastava.
Tein sen nöyrästi.
Tiesin, että se sulattaisi jäätä
ja että saisin kuravedet päälleni.
Osasin varautua ja olla loukkaantumatta,
mutta se olikin pahin loukkaus häntä kohtaan.

Mietin,
mietin niin vietävästi.
Etsin vastausta tuohon reaktioon.
Löysin vastauksen,
liiankin yksinkertaisen,
kun en loukkaannu
olen peili toiselle.
Viiltävän kirkas peili!

Niin, uskoin totisesti,
mutta en enää.
Nyt tiedän.

YKSIN

Muiden ilo ei sieluani kosketa.
Maailman pahaa ei olemassa olekaan.
Tulisieluni sammunut on.
Riemun tuuli ei kohennusta tuo.
Olen masentunut.
Elämästäni eksynyt.
Kaikki turhalta näyttää.
Sisimpäni ei maailmaan osaa ojentua.

On vain valintoja.
Ja niin paljon vaihtoehtoja.
Kaikkialla soi hengettömyys.
Sen näen ja sen suruun muserrun.
Enkä osaa valita.
En jaksa antautua.
Olen vain...
yksin.

HOLOGRAMMI

Heijastinko taas itseni sinuun.
Näenkö sinussa peilikuvani.
Siksikö neuvosi minua ärsyttää,
ja aina uudelleen sinut eteeni saan.

Loinko tänäkin aamuna maailmani
eilisen muottiin.
Lankesinko taas samaan syntiin,
koska ympärilläni näen sisämaailmani.

Uskoisinko jos sinulle sanoisin
sen mikä minua ärsyttää.
Vai loppuisiko riitasointu väliltämme
jos sisääni kurkistaisin.

Painan pääni alas,
leuan rintaani vasten.
Suljen silmäni hetkeksi
ja myötätunnolla sieluani kuvaputkea viritän
ja eteeni heijastan
sieluni hologrammin,
elämäni näyttämön.
Ja uudelleen yritän itseni,
maailmani,
kohdata.

LUOLASSA

Haluaisin vain olla.
Vetäytyä luolaani.
Hämärtyä talviseen yöhön,
ja vain olla.

En halua olla osa tätä,
turhuutta ja materiaa.
Haluan jättää sen taakseni.
Lähteä vihdoinkin kotoa
katsomaan mitä on tämän harhan takana.
Mikä on kaiken idea.
Kuka olen.
Miksi olen.
Miksi olen unessa.
Ja mikä estää heräämästä.

METSÄNPEITOSSA

Havahduin ja huomasin,
Että en tiennyt kuka olin.
En takaisin uneen voinut vaipua.
Oli edessäpäin itse luotava latua.

Tajusin ja kaduin,
olin ollut metsänpeitossa.
Vasta kun harhastani vapauduin,
ymmärsin että vastuu oli minussa.

IONAN SAARI

Etsin paikkaa,
jossa taivas on kaareutunut lähelle maata,
ja sumuseinä kahden maailman välillä ohentunut.
Etsin paikkaa,
jossa kuulen sieluni sävelen ja enkelten laulun.
Etsin paikkaa,
jossa turha karisee pois ja pyhyys jää jäljelle.

Tiedän, että sanotaan:
- taivasten valtakunta on sisäisesti meissä,
mutta uskon,
että on paikkoja,
jossa todellisuudet ovat limittyneet.

Toinen paikka värähtelee raskaasti
ja saa omatkin virtaukset hidastumaan,
kun taas toinen paikka soi korkeissa sfääreissä
saaden sieluni nousemaan ylös.

Etsin paikkaa,
jossa taivas koskettaa maata
ja valo kuultaa kulissin takaa.
Etsin paikkaa,
jossa sieluni soi yhdessä enkelten laulun kanssa.
Etsin paikkaa,
jossa pyhyys riisuu turhan minusta.

UUDESTISYNTYNYT

Uskouduin unelmani edessä.
Avauduin avaruuden sylissä.
Polvistuin ja kumarsin itselleni.
Nöyrryin ja myönsin tappioni.

Olin pitkään vain yksinäni.
Olin vain
ja hyväksyin virheeni.
Hylkäsin väärän persoonani.
Puin päälleni valoruumiini.

Palasin takaisin vuorilta.
Laskeuduin alas kaupunkiin.
Uudestisyntyneenä
elin sydämeni elämää.
Huolettomana soudin virrassa.

PIENI POLKU

Löysin metsästä pienen polun.
Suuren kuusen alta uuden alun.
Mättäästä pehmeyttä jalalleni.
Yön tähdiltä uskoa unelleni.

Honkien humina loi tunnelmaa.
Kanervan tuoksu vahvisti unelmaa.
Kivien pinnalta sammal,
huokui lumoa kuin sävel.

Polku jakautui kahdeksi,
kuin kahden toiveen ristiriidaksi.
Pysähtyi kulku ja saapui pelko,
valinnan vaikeus ja haihtuva selko.

Kulku jatkui vasemmalle.
Epävarmuus kaipasi oikealle.
Toivo oikeaan valintaan loi kaipausta.
Vahvan uskon odotusta.
Korkeimman johdatusta.

Hiljaisuus kertoi tylyn totuuden:
- ei vastausta kuule,
jos ei sitä kuuntele.
Sisälläsi elää henki Jumalan.
Hän vain voi tietää suunnan oikean.

ONNELLINEN

Ehkä sittenkin
valitsen oikein.
Ehkä tulevan murhe
vain silmäni sokaisee.

Ehkä sittenkin
elän tarkoituksessani.
Hetken autuus
vain ei huomiotani saa.

Ehkä onneton olen,
kun en nauttia osaa,
sulautua tähän hetkeen.
Ja minun pitäisi nähdä,
oi nähdä,
sisälläni rikkaus,
värjäytyä sen hurmioon,
humaltua sen suloon.

Ehkä sittenkin
olen onnellinen
Ehkä sieluni vain elää hieman sivussa,
hetken helmassa,
arkana,
toista hetkeä pelkäävänä,
ulkopuolisena.

MAAÄIDIN SYDÄNSURUA

Maailma nitisee liitoksissaan.
Ihmiset sen iholla kutittaa.
Hyvälaatuisiksi bakteereiksi meidät luotiin.
Nyt syöväksi asti innostuttiin.

Mutta onko kuitenkaan teoissamme pahaa?
Onko tietämättömyytemme osa kaikkeuden aallokkoa,
jumaluuden musiikin molliosuutta?

Onko sittenkin kaipuu sisällämme?
Enne tulevasta,
paremmasta.
Olisiko omatuntomme maaäidin tunnetta,
kaipuuta?
Unelmamme ja toiveemme
tulevaisuuden aavistusta?

SUOLAPATSAS

Sielussani kirkas aavikko.
Kuumuus paahtaa minua.
Suuri avaruudellisuus näännyttää minut.
Jospa silmilleni löytyisi edes yksi kiintopiste,
keidas,
joka pelkällä olemassaolollaan virvoittaisi.

Tarkoitus,
epävarmuuden taltuttaja,
miksi minut hylkäsit!
Hiekassa voimaeläimeni jäljet,
ne kulkevat minusta poispäin…

Ja kaikki tämä vain mieleni höpinää,
ajantäytettä,
pysähtyneen virran sameutta.
Ja kaikki ahdistus katoaa,
kunhan vain itse johonkin huomioni keskittäisin,
enkä katsoisi taakseni,
jotten suolapatsaaksi jähmettyisi…

taas.

AAVISTUS

Heijastuksia harmaasta,
värittömyyden erämaasta.
Hiekanjyvien kullasta,
virkeän veden kirkkaudesta,
ei näy edes häivähdystä.

Horisontin äärettömyys,
rajattomuuden kaipaus.
Edessäni levittyvä aavikko,
sieluuni hiipivä ahdinko,
antakaa minulle ymmärrys!

Yön pimein hetki,
kuun päättyvä retki.
Sukeltaa esiin aurinko,
heräämisen väriloisto,
aavistus.

SARASTUS

ITU

Jotain itää sisälläni,
oivallus taimettuu.
Saa ravintonsa kokemuksistani.
Veden tuntemuksistani.
Läsnäolon hetki avaa ikkunan,
josta valo pääsee sisääni.

Ja kohta
työntyy kiemurteleva varsi
koukeroiksi paperille.
Näkymätön muuttuu rajoittuneeksi ilmentymäksi.
Suurin osa jää kirjainten ympärille
säteileväksi kentäksi.

ELEMENTHOS

Vesi ilman pintajännitystä,
olisi puhdasta jumaluutta.
Järvenpintakaan ei kantaisi enää heijastusta,
vaan ilmentäisi totuutta.

Tuli ilman palamista,
ilman aineen häviämistä.
Olisi jumaluuden välkettä,
lämpöä, väriä, tanssia.
Sen ymmärtäminen pelkkää transsia.

Tuuli ilman puiden lehtiä,
ilman aineessa ilmenevää liikettä,
olisi täyttä tunnetta,
ikuisen unelman kaipuuta,
kaikkeuden huilun soittoa.

Maa ilman elämää,
ilman hengen hedelmää.
Olisi pelkkää odotusta,
äärettömän leikin rukousta.
Varjoa ilman varjostajaa.

Henki ilman vettä, maata.
Ilman tulta, tuulta,
Olisi yksinäinen kulkija.
Näkymätön itsensä etsijä.
Koditon maailman luoja.

KAIPUUN PISAROINA

Valitsemme.
Aina uudelleen päivitymme.
Tienhaarassa jakaudumme.
Kahteen maailmaan levitymme.

Tietoinen olenko siitä, vai en.
Ymmärränkö olevani täysin läsnä tässä
elämässä
Vai elääkö jokin minussa kaipuuna toisaalla,
siellä toisen tienhaaran maailmassa.

Kuulenko tuulessa haaveeni,
sen jonka ilmoille päästin.
En täällä,
vaan siellä toisaalla.

Onko unelmani linnut tehneet pesänsä sydämeeni,
vai palaavatko ne takaisin
kaukaiseen maahani.
Sinne,
jonne palan itsestäni elämään jätin.

Haaraudunko edelleen kuin pihan koivuvanhus?
Kurkotanko oksillani henkeni kohti korkeutta?
Onko sieluni jakautunut puroiksi?
Virtaako jokaisessa niissä henkeni nektari?

Olenko tietoinen viereisestä oksanhaarasta?
Voinko kanoottini työntää vieraaseen virtaan?
Olenko läsnä edes tässä yhdessä elämässä?
Vai olenko kaipuun pisaroina niissä kaikissa?

KÄÄRME

Elämän mittainen matka,
on tie luokse Jumalan.
Jos kaadut, niin nouse ylös ja jatka,
muuten kadotat unelman.

Meistä harva silti sen löytää.
Harvempi valoon vihkiytyy.
Usein tuska meidät ympäri kääntää,
ja silmät pettymyksestä kyyneltyy

Toiset matkansa puolitiehen pysähtyy
ja totuuden jo löytäneen luulee.
Osa puolitotuuksiin tyytyy
ja niitä viimeiseen asti suojelee.

Kuin Jumalan seuraava silmä,
jokin heidän sisimmästään katselee.
Siksi hanakammin puolustaa tämä
tekopyhä, vallan ahne ihminen,
huomionsa eteen vaikka käärmeenä matelee.

MAYA

Puhtauden ihanneko meitä vie?
Hyveellisyyden kaipausko
nöyrtymään saa,
herättää huomaamaan minne johtaa tie?

Henkemme hiljainen hyminä
omaantuntoomme liittyy,
kun arasti alamme epäillä
kaikkea sitä,
mihin uskoimme,
mitä lujasti kädessämme puristimme.
Varmuuden tuoma onni
murskaksi räjähtää.
Tietoisuuden hehku
materian sulattaa.

Uusin askelin eteenpäin.
Pelko kaverina,
epäily uskonamme.
Vain pieni minuutemme tuli
kaukana taivaanrannassa kajastaa.
Muu vain harhaa,
suloista tai katkeraa,
tuntojamme peilaavaa.

AUKTORITEETILLE

Puhut suureen ääneen.
Arvostelet kaikkea varjojesi perusteella.
Silti korostat itsessäsi vaatimattomuutta.

Haluat kasvaa.
Silti et päästä elämää lähellesi.
Yrität ratkaista kaiken järjelläsi,
ja naurat kaikelle sille,
joka yrittäisi sinua kasvattaa.

Ylimielisyytesi alle kätkeytyy pelko.
Autoritäärisyytesi on hätähuutosi.
Se kyllä huomataan,
mutta et silti päästä lähellesi.
Tai jos päästätkin,
niin olet jo perustellut kaiken tyhjäksi järjelläsi.
Tunteet valuvat lävitsesi...

Kuitenkin sinussa on jotain samaa kuin itsessäni.
Jotain sellaista josta en pidä.

TAKAISIN TÄHTIIN

Ylläni avaruus.
Sisäisyyteni kirkkaus.
Katson tähtiin ja yritän ymmärtää.
Suureen kaipuuseeni kurkottaa.

Suljen silmäni rukoukseen.
Mieleni tyhjyyteen,
suuntaan tahtoni sydämeen.
Madonreiän kautta rakkauteen.

Kiidän läpi tunnelin.
Vastassa näen enkelin.
Olen saapunut kotiin.
Sisäavaruuteni kautta tähtiin.

TAKANA EETTERIN

Hiljaa kuiskaus tulee kuoleman,
tämän hetken päättymisen.
Takaa eetterin löytyy elämä,
johon joskus löydän.

Palaa aika vanha,
jo nuoruudessa eletty.
Takaa eetterin
löydätte onnen sen.

Juokaa lähteestä henkisyyden.
Rukoilkaa unelmamme todeksi.

Menee aikaa maallisen maailman
ottaa unelmat harteilleen,
mutta se aika on jo ollut
takana eetterin.

UUDEN KUUN AIKAAN

Uuden kuun aikaan
nousin ylös vuorelle.
Istuin tuntemaan taikaa,
antautumaan minälle.

Suljetuissa silmissäni välke ja laulu.
Sisäavaruudessani yhteyden kaipuu.
Sieluni maiseman yllä revontulet,
valkoinen hanki ja tuhannet tähdet.

Lumihiutaleet ääretöntä ymmärtää.
Pakkanen talviyön todeksi tekee.
Leirinuotio yössä lämmittää,
se valoa antaa ja suojelee.

Soihtuni nuotiosta sytytän.
Sen mukaani otan maailmaani
valaisemaan todellisuuttani,
johdattamaan läpi tämän elämän.

VALTAKUNTA

Keinuu intuitioni kehto,
tuudittaa kultaista lastaan.
Sydämeni syvintä salaa,
mieleni mielitiettyä
uneen jumalaiseen ohjaa.

Henkeni aamunkoitto
edellä ymmärrykseni valon.
Sinisen taivaan usva
punan hennommaksi taittaa.
Rauhan valtakuntaan herään.

Rakasta lastani kosketan.
Iäisyyden ääressä kumarran.
Mirhamia ja hopeaa tarjoan.
Elämäni viisauksia vuodatan.
Ja raskaan taakkani unohdan.

Aurinko naamallaan hymyilee,
päätään lahjoilleni puistelee.
Iloisesti kikertäen
osoittaa taivaalta tähden totuuden.
Ja minä itken...

VARJOJA

Elämäni on mystiikkaa,
tuota herkkää purppuraa.
ajan kanssa kilpaa
juoksen ja huomaan
sen olevan turhaa.

Harsoudun elämän usvaan,
sulaudun läsnäolevaan.
Hymyllä terveeksi toivotan,
hyväksi osoitan
hetken herkkyyden,
tarkoituksen.

KAUNEUS

Kauneutta on kaikkialla ja kaikessa.
Kauneus on rakkauden ilmentymä aineessa.
Kun näkee asian kauneuden,
on nähnyt tuon asian totuuden.

Osua asian ytimeen,
on pukea sanat kauneuteen.
Syvimmän olemuksen oivallus,
on kauneuden valon välähdys.

Kauneus ei avaudu katsojalle,
vaan puhdassydämiselle näkijälle.
Kauneutta ei voi nähdä järjellä,
vaan avoimella sydämellä.

Kauneus ei ole ulkoista,
se on kohteen sielua.
Kauneus on yhtä katoavaista,
kuin on totuuskin muuttuvaista.

TAIKAPEILI

Valitse itsellesi kirja,
mikä tahansa kirja.
Tällöin valitset itsellesi taikapeilin.
Avaa kirja miltä sivulta tahansa
ja lue.
Tällöin luet itseäsi,
näet millainen hetkesi on.

Yhä uudelleen tartu kirjaan ja lue sen kultaiset lauseet.
Yhä enemmän löydät uusia syvyyksiä samoista lauseista,
koska näet vain kuvan itsestäsi.
Itsestäsi joka muuttuu koko ajan.

Sisältäsi löydät vastaukset.
Avaa siis kirja eteesi.
- Kerro, kerro kuvastin,
Ken on maassa kaunehin.

TAIGAA

Taikuutta,
elämän taikaa,
on tuntea hetken olemus,
ymmärtää sen kauneus,
antautua sen kertomuksella,
vaikuttaa siihen odotuksella.

Alkemiaa,
totuuden kemiaa,
on katsoa toisen sielua silmiin,
jättää rakkaus kaikumaan taukoihin,
olla oman roolipelin ohjaajana,
ottaa kurssi kohti tilanteen satamaa.

Yksinäisyyttä,
yhteistä iäisyyttä,
on kohdata toinen omassa sydämessä,
tietoisuuden suitsin ratsastaa kohti taivaanrantaa,
olla toiseen tarttumatta,
vain toisen melodiasta nauttia.

VELJENI

Ota oma tilasi,
veljeni,
jotta itsesi näkisit.
Heijasta kuvasi puhtaaseen pintaan.
Älä muiden peileihin.

Kasva ulos kodistasi,
jotta vapaa olisit.
Irrottaudu jo lapsuuden kuvasta.
Älä pelkää luoda omaasi.

On aika uuden elämän,
jotta kohtalo toteutuisi.
Heittäydy seikkailuun suurimpaan.
Älä taaksesi katso.

TOIVEET

Aina kun avaan rintani hetkelle
ja päästän lentoon toiveen,
joka kerta se tuntuu ihmeelle,
kun näen sadon kypsyneen.

Silloinkin kun pakottomasti haluan,
ohimennen kauniin ajatuksen unelmoin,
saan totisesti mitä tilaan,
todisteen voimasta, jota lietsoin.

Joskus kaikki tämä hirvittää,
kun myös pelot ja inhot toteutuvat.
Mikä ajatuksiani voisi pidättää
ennen kun ne todeksi oleutuvat.

Joskus toivon vain saavani
mikä minulle parhaiten sopisi,
mutta aina en pidä tilaamastani,
enkä halua uskoa, että se on vain parhaakseni.

Silloin kun lepään laakereillani
ja annan ajan virrata lävitseni,
pudottelen ajatuksiani virran vietäväksi,
pullopostia kohtalolle luettavaksi,
tiedän mihin leikkiin ryhdyn.
Tiedän minkä edessä nöyrryn.
Kannan vastuun toiveistani.
Nostan taakan harteilleni.

ETSIN OPETTAJAA

Etsin opettajaa ihmisten joukosta,
joka näyttäisi minulle totuuden.
En löytänyt,
mutta lopulta löysinkin hänet
kaikesta ympärilläni.

Istuin katselemaan puuta,
joka kurotti oksiaan kohti aurinkoa.
Puu opetti minulle kärsivällisyyttä
ja muutoksiin sopeutumista.
Puu antoi minulle myös
rytmien salaisuuden.

Pysähdyin katselemaan kanoja,
jotka kulkivat parvena pihalla.
Kanat opettivat minulle sen,
että kaikella on aikansa
ja kuinka keskittyä siihen mitä tekee.
Kukko antoi minulle myös
vuorovaikutuksen salaisuuden.

Asetuin sohvalle katselemaan kissoja,
jotka loikoilivat keinutuolissa.
Kissat opettivat minulle joutilaisuutta
ja täydellistä läsnäoloa.
Kissoista vanhin antoi minulle myös
unennäön salaisuuden.

MARRASKUUN PÄIVÄN KAKSI ENSIMMÄISTÄ HETKEÄ

Marraskuun lumi hehkui valkoisena hämärässä aamussa.
Lämpötila oli nollassa
ja sai osan valkoisuudesta leijailemaan ylös usvaksi.
Tunnelma oli kuin unessa.
Mikään ei liikahtanutkaan,
oli täysin hiljaista.
Aamun ensi hetki.

Tällaisena hetkenä on helppo uskoa,
että maailma on vain unta.
Kaikki minkä näemme on vain ohutta harsokangasta,
jolle on maalattu kuva.
Kuva, joka haalistuu ja lopulta katoaa.

Mitä on harson takana?
Mikä on todellista?
Mikä minä olen?
Kun koen maailman,
olenko yhtä kuin maailma?
Onko tietoisuuteni, se joka olen,
myös sitä minkä koen ja näen?
Onko kokija, kokemus ja kokemisen kohde yhtä ja
samaa?

Tapahtuuko nämä yhtä aikaa,
mutta koemme ne jotenkin eriteltyinä?
Ensimmäiset talitintit saapuivat lintulaudalle,

jossa ne valikoivat parhaimmat auringonkukan siemenet
ja epäkelvot ne nakkelivat nokallaan hangelle.

Lintujen mukana saapui myös aamun toinen hetki
ja liike.
Tuulenvire saapui heiluttelemaan lehdettömien puiden
oksia.
Vai tuliko linnut tuulenvireen selässä ratsastaen?

Kuva lähti liikkeelle niin kuin mielenikin.
Kumpi aiheutti kumman?
Vai tapahtuuko kaikki aina yhtä aikaa?

Nousen tuoliltani ja heittäydyn uuden päivän unikuvien
vaihtuvaan virtaan.
Käyn lisäämässä linnulle siemeniä.

HALLITTUA HULLUUTTA

Ei ole hyvää,
ei pahaa.
Kaikki on sinussa
ja suhteessa sinuun.
Elämä on kuin hullua unta.

Ulkoinen on sisäisyyttäsi.
Sisäisyys ikuisuutta.
Aistittava maailma harhaa,
oivallus oivallukselta
katoavaa unen muistoa.

Mutta ihmismieli
on häilyväinen ja ovela.
Jos ajattelet kaiken olevan samanarvoista,
voi ego sen kääntää
ylpeydeksi ja välinpitämättömyydeksi.

Siksi elä kuin kuka tahansa,
älä anna egosi riepotella
suuntaan eikä toiseen.
Pidä se ruodussa arjen rutiineilla,
hallitulla hulluudella.

HETKI ELÄMÄÄ

Elämä tapahtuu rivien välissä.
Välituntien leikeissä.
Kotimatkojen pääntyhjyydessä.
Keskustelujen sanattomassa viestinnässä.
Kahvituntien henkilökemioissa.
Tarkkaillessamme luontoa,
eläinten käyttäytymistä.
Tuntiessamme elämyksiä,
rakkautta,
haltioitumista.
Merkityksissä, symboleissa,
siinä että näkee elämän vertauskuvina,
unina,
joilla on merkityksiä.
Elämä tapahtuu kuvan takana.
Tapahtumien välissä,
kuin ajatus joka livahtaa keskittymisen herpaantuessa.

Pysäytä kuva,
koe hetki elämää.

UUSI LEHTI

Hiljaa lipuu pilvet taivaalla.
Yhtä hiljaa ajatukset lakaisevat mieleni horisonttia.
Ei tuiverra kylmä pelko sielussani.
Ei kaipuu korvenna sydäntäni.

Olen vain rauhassa.
Olen rakkaudessa.
Olen minuudessani.

Ja katselen ulos maailmaan.
Ja haluamatta mitään kaiken totean.
Ja otan vastaan,
en tuomitse.

AAMU

UMPIMÄHKÄ (TUHKALLA PEITETTY HIILLOS)

Menen tulipaikalleni,
alttarilleni.
Se hohkaa vielä lämpöä.

Kaivan hehkuvat hiilet esiin tuhkan alta.
Seitsemän mustaa monitahokasta,
kuin mustia timantteja.
Hehkuvat kuviot pinnassaan.

Minkä valitsen?
Minkä niistä puhallan roihuun?
Ja mitkä jätän vielä tuhkan sekaan
odottamaan hetkeään?

Tänään valitsen hiilen,
jonka kipinöinnin kuulen melodiana.
Asetan kuivaa taulaa sen ympärille.
Hetkessä alttarini valaisee valon lepatus.
Melodia on muuntunut näkyväksi.

Muille hiilille annan vain sen verran,
että ne säilyttävät hehkunsa seuraavaan aamuun,
umpimähkään haudattuina.
Huomiotani odottamaan.

KIRJE

Aamun hetken itsekseen.
Kahvia ja hyvä kirja.
Mistä lie sainkaan sen.
Istun tähän.
Ikkunassa kuura.

Kirje syliini tipahtaa välistä kirjan,
välistä hetkien.
Vieno tuoksu,
värikkäät reunat,
ne kertovat jo kaiken.

Kahvi jäähtyy kuppiin,
kun palaan kesään nuoruuden.
Vanha pala pyörähtää
kurkusta koloon sydämen.

Auringonsäde paljastaa rivien välistä tahran,
kyyneleen.
Pystyn taas hengittämään,
seuraavaan hetkeen siirtymään.

...Pyöräiltiin läpi kesäyön.
Olit jotenkin etäinen.
En saanut sinua enää kiinni.
Silmäsi katsoi jo merelle.
Rannalla istuit ryppy otsassa.
Et kertonut syytä, et.
Katseesi vei vastaukset,
yli meren,
yli yhteisen hetken...

PERUSARVOITUS

Hänen kasvoillaan perusarvoitus.
Peitetyn herkkyyden heijastus.
Pukeutumisessa tiptop vivahteikkuus.
Väärän persoonallisuuden toiveikkuus.

Katselen häntä etäältä loukkaantuen.
Näen lävitsesi löytäen pettymyksen.
Hän aavistaa sen hyökäten ilmeellään.
Minua syyttää kun hänet oikein näen.

HÄMÄRRYIT

Hämärryit silmissäni.
Keskustelumme nosti värähtelyäni.
Tai ehkä olit itse pelkää energiaa,
aineeksi tullutta sielua.

Joka sanassasi kuultaa tuttuus,
kuin vanhojen muistojen totuus.
Sieluissamme tiedämme
mikä onkaan suhteemme.
Antaudun tälle prosessille,
meidän kahden väliselle tielle.
Katson minne se vie.
Haluan muistaa kuka olet.

SACRED CHORD

Pysäytän tämän hetken,
haluan kuulla luomisen äänen,
kun katseesi koskettaa silmiäni.

Ollaan vain hiljaa, annetaan sydänten puhua,
emme tarvitse sanoja.
Sanat ovat pyhäinhäväistystä.

Sinun ei tarvitse kertoa minulle mitään.
Tiedän kaiken sitten kun maailma pysähtyy.
Hengitetään yhdessä,
ajattelematta.

Kaikki on kirkkaampaa.
Sinä säteilet,
minä leijun.
Unohdan itseni ja samalla muistan sinut.
Kosketa minua.

Olemme puhtaita, persoonattomia,
arkkityyppejä.
Sinä NAINEN,
minä MIES.
Mutta nyt olemme yhtä…
LUOJA, nyt kuulen sen!

TUUTIKILLE

Vatsassa kohoilee
pieni kantapää ja nyrkki.
Rytmissä ja tauoissa
hänen temperamentti.

Siellä olet pikku ihminen
omassa alkumeressäsi.
Kuuletko ääneni
maailman laidan tältä puolen?

Tuntuu että tunnen jo sinut,
kuin olisit vanha tuttu.
Jokin näkymätön side jo kehittyy
taso tasolta,
aineettomasta kohti aineellisempaa.

Olet tervetullut
ensin äitisi syliin,
sitten syliini
ja lopulta maailman syliin.

SYLI 61

Syli lapselle
on koti.
Turvallinen emoalus,
jossa tankataan,
josta ponnistetaan
ja jonne palataan
tutkimusretkiltä.

Koti aikuiselle
on syli.
Energian latauspaikka,
jossa voi levittää siipensä,
avautua ja käpertyä,
levänneenä kohdata maailma.

Laitatko "tervetuloa" -maton
sisä- vai ulkopuolelle oveasi?

ELÄMÄN SOINTI

Lapsuudesta nuoruuteen,
kokien ja oppien.
Etsinnän jälkeen aikuisuuteen,
oman itsensä ytimeen,
siemeneen,
josta uusi elämä voi versoa.

Nyt katselen lastani
ja hänen kasvua,
oppimista.
Soin uudelleen läpi
elämäni vaiheet vierelläsi.
Korkeammassa oktaavissa.

PYHÄ KOLMINAISUUS

Hetki kanssasi
kynttilänvalossa,
ihollasi.
pitkiä keskusteluja.
hymyjä kuin silloin ennen.
Kujertelua,
pitkiä katseita ja nautintoa.
yhteistä aikaa.
Vain me kaksi.

Istut olkapäilläni.
Naurat lapsen vapautunutta naurua.
Aurinko ja pilvet.
Huiskutat meille viltiltä.
Hattu peittää kasvosi varjolla.
Istumme viereesi.
Syömään eväitä.
Tyttömme ottaa muurahaisen käteen.
Nuhtelet lempeästi.
Vieno kouraisu sydämessäni.
Kuulumme yhteen, me kolme.

Suoritan kotiaskareet pois huolesta.
Napsautan vedenkeittimen päälle.
Asettaudun keinutuoliin.
Kuuntelen hetken hiljaisuutta.
Tunnen runon rakentuvan sisälläni.
Avaan muistikirjani.
Eloton kynä muuttuu kanavaksi
sisäisen ja ulkoisen maailman välille.
Oma aika luo uutta.

RÖNSY

Peräkkäisten mielihyvän ja liikutuksen tunteiden sarja.
Hento lapsen ääni puhelimessa:
-    moi moi isi.
Omassa lapsessa kertaan elämääni.
Spiraalin seuraava taso.
Myötätunto syntyi minussa
hänen mukanaan.
Nyt myötäelän sinutkin.

Jokainen lapsi on kuin oma lapsi.
Jokainen kehitysmaan nälkää näkevä
koskettaa minua vavahduttaen.
Olen syntynyt
sinun kauttasi.
Huoli sinusta
on yhteytemme värinää minussa.
Ei siis huoli,
vaan mansikan rönsy.

SYYSPUOLELLA KESÄÄ

Tyttöni, ylisuuressa haalarissaan
katsoo viereltäni,
kuinka pumppu työntää ilmaa
pyörän renkaaseen.
Hän toistaa kaiken mitä sanon:
- laitetaan ilmaa...sitte mentiin.

Kesä syyspuolella.
Ohrapellon pinta väreilee kuin meren aallot.
Kiidämme ohi kellastuneita lehtiä kantavat koivut.
Takaani kuuluu laulua:
- jospa minä kissan saisin...
Hymyilen, tunnen onnen hipaisun.

Käymme kääntöpaikalla.
- sitten pöllökarhua kattomaan.
Tyttöni tuntee reitin.
hänen kanssaan palaan hänen maailmaan,
maailmaan jossa hetki on koti.

Ohitamme pöllökarhupatsaan.
Leikkikentällä on muitakin.
- kypärä pois...isin kypärä pois.
Tyttöni juoksee kirkuen kohti liukumäkeä.
Minä istahdan kiipeilytelineen reunalle.
Tätähän se elämä olikin.

AJATUSTEN UOMA, TAJUNNAN VIRTA

Autan lapiolla pientä puroa
murtamaan väylää edessään.
Sulava lumi ja auringon välke vedessä.
Vieno virtaavan veden ääni tajunnassani.

Huomioni on tässä,
lapionvarressa ja lumessa.
Avaan tietä kasvavalle purolle,
ajatusteni yli vyöryvälle rauhalle.

Puron vesi näyttää suunnan,
minä poistan esteitä lapionkärjellä.
Vesi levenevässä uomassaan syövyttää reunoilta lisää
lunta.
Virta kasvaa,
mielenrauha tuo riemun.

110TH STREET

Ilta-aurinko pilvien takaa
taittaa taivaansinen.
Tuo sävy saa onnen
pyrähtämään lentoon minusta,
se lepattelee kevyen perhosen lailla
vatsani ja rintani välillä.
Autoradiossa soi funk.
Haluan laulaa,
nauraa!

Onnentunne lukitsee minut hetkeen.
Muistan miten eletään
hetkestä käsin.
Ympäristö, elämäni,
on turvallinen tausta,
viitekehys.
Mikään ei ole mahdotonta.
Näen ongelmissa ratkaisut.
Sen hetkisen elämän
oikeiden valintojen summana.

Ilta-aurinko pilkistää pilvien takaa.
110th street – alkaa soida radiossa.
Kyynel pusertuu helmeksi silmäkulmaan,
kuin onnentunteen materialisaatioksi.